¡QUE VIVA!
CELEBRACIONES LATINAS

¡CELEBREMOS LA NAVIDAD!

MARISA ORGULLO

TRADUCIDO POR
ESTHER SARFATTI

PowerKiDS
press.

New York

Published in 2019 by The Rosen Publishing Group, Inc.
29 East 21st Street, New York, NY 10010

First Edition

Translator: Esther Sarfatti
Editor, Spanish: Ana María García
Book Design: Reann Nye

Photo Credits: Cover (child) Anton Bogodvid/Shutterstock.com; cover (background) Peter Donaldson/Alamy.com; p. 5 Natali99/Shutterstock.com; p. 7 Annie Wells/Getty Images; p. 9 Fer Gregory/Shutterstock.com; p. 11 GoneWithTheWind/Shutterstock.com; p. 13 sumikophoto/Shutterstock.com; p. 15 Carolina Arroyo/Shutterstock.com; p. 17 GUILLERMO LEGARIA/AFP/Getty Images; p. 19 Jose Luis Pelaez Inc/ Blend Images/Getty Images; p. 21 Playa del Carmen/Shutterstock.com; p. 22 Sofiaworld/Shutterstock.com.

Library of Congress Cataloging-in-Publication Data

Names: Orgullo, Marisa, author.
Title: ¡Celebremos la Navidad! / Marisa Orgullo.
Description: New York : PowerKids Press, [2019] | Series: ¡Que viva! Celebraciones latinas | Includes index.
Identifiers: LCCN 2018025603| ISBN 9781538342268 (Library bound) | ISBN 9781538342244 (pbk.) |
    ISBN 9781538342251 (6 pack)
Subjects: LCSH: Christmas–Latin America–Juvenile literature. |
    Christmas–Mexico–Juvenile literature. | Latin America–Social life and
    customs–Juvenile literature. | Mexico–Social life and customs–Juvenile
    literature.
Classification: LCC GT4987.155 .O74 2019 | DDC 394.2663098–dc23
LC record available at https://lccn.loc.gov/2018025603

Manufactured in the United States of America

CPSIA Compliance Information: Batch Batch #CWPK19: For Further Information contact Rosen Publishing, New York, New York at 1-800-237-9932

CONTENIDO

Una época especial 4

La historia de las Posadas 8

La celebración
  de los Reyes Magos. 16

Glosario 23

Índice. 24

Sitios de Internet. 24

Una época especial

¡Diciembre es un mes de mucha actividad para la mayoría de los latinoamericanos! Es cuando los **cristianos** se preparan para la Navidad, el día en que **celebran** el nacimiento de Jesucristo. Durante esta época navideña, mucha gente en América Latina pasa momentos especiales y alegres con sus familias.

4

Las luces son muy importantes en la Navidad. Aquí se ve un gran árbol de Navidad encendido en Bogotá, Colombia.

Durante la Navidad, los mexicanos y otros latinoamericanos participan en una celebración llamada *Las Posadas*, que dura nueve días. Comienza el 16 de diciembre y termina el 24 de diciembre. Las Posadas recuerdan la búsqueda de José y María de un lugar para el nacimiento de Jesús. Según la creencia cristiana, fueron de un lugar a otro hasta que encontraron un sitio seguro en un **establo**.

José y María buscaban un lugar donde quedarse en Belén porque María estaba a punto de tener el bebé.

La historia de las Posadas

Durante las Posadas, tanto los niños como los adultos recuerdan esta historia especial. Representan a María y José cuando buscaban una lugar en una **posada**. Los personajes, José y María, llaman a varias puertas mientras cantan. Cada noche, un posadero les da finalmente la bienvenida. Dentro, les espera una fiesta. Todos cantan y comen, y los niños rompen una **piñata**. Mucha gente se viste de plateado y dorado.

Las Posadas es una celebración llena de música y canto.

9

La Navidad en América Latina también es una buena época para hacer manualidades. A muchas familias les gusta construir nacimientos o modelos del establo donde nació Jesús. Después, ponen figuras de María y José en su interior. Al llegar la Nochebuena, o la noche antes de la Navidad, los pequeños de la casa ponen la figura del niño Jesús en su cuna o pesebre. Otro nombre que se le da al nacimiento es *belén*.

En el nacimiento se ponen figuras de María, José y el niño Jesús. A veces también incluye otras figuras, ¡como las ovejas del establo!

11

La Nochebuena se celebra de maneras diferentes en América Latina. Muchas familias van a la iglesia. En Ecuador, la gente cuenta los minutos hasta la medianoche, la hora en que algunos creen que nació Jesús. Los puertorriqueños y los dominicanos cantan canciones de Navidad. Muchos niños latinoamericanos abren sus regalos. La mayor parte de las familias comparten una comida especial.

Esta iglesia está bellamente decorada con luces para la Navidad.

13

Muchas familias celebran el día de Navidad ¡con un gran banquete! Entre otras cosas, preparan pavo, jamón y **tamales** especiales. Los puertorriqueños comen pasteles, que son tamales cocinados en hojas de plátano. En algunas partes de México se come un dulce especial llamado *buñuelo*. En Panamá, preparan arroz con piña. Los panes dulces son postres comunes en toda América Latina.

Los tamales son una comida especial para la Navidad. Para comerlos, se abre la hoja de maíz que llevan por fuera.

La celebración de los Reyes Magos

Una celebración importante en estas fiestas ocurre después de la Navidad. El día de los Reyes Magos se celebra el 6 de enero. Se dice que estos tres hombres sabios llevaron regalos al niño Jesús aquel día. En esta fiesta, muchos latinoamericanos reciben regalos. También tienen lugar desfiles llenos de colorido en las calles.

Estos adolescentes están vestidos de Reyes Magos para un desfile en Bogotá, Colombia.

Muchos niños en Puerto Rico comienzan los preparativos de la fiesta la noche anterior a la llegada de los Reyes Magos. La noche del 5 de enero, ponen cajas con hierba debajo de la cama. Se supone que la hierba es para que coman los camellos de los Reyes Magos. Cuando los niños se despiertan por la mañana, ¡suelen encontrar regalos en el lugar donde habían dejado la hierba!

Muchos niños reciben regalos durante la Navidad, aunque no todas las familias la celebran de esta manera.

Los latinoamericanos preparan un tipo de pan dulce especial llamado *rosca de Reyes*, o *pan de Reyes*, para el día de los Reyes Magos. Este pan tiene forma de anillo y se decora con frutos secos. La gente lo suele tomar con una taza de chocolate caliente. Algunas veces, los niños hacen coronas que se ponen para honrar a los Reyes.

En Ciudad de México, alguien preparó una rosca de Reyes que medía ¡una milla de largo! Más de 200,000 personas pudieron probarla.

La Navidad es una época especial
en América Latina. Muchas personas
celebran el nacimiento de Jesús y honran
a José, María y los tres Reyes Magos.
Las familias y los amigos se reúnen para
compartir comidas especiales y cantar
juntos. Y, sobre todo, la gente se desea
entre sí una ¡feliz Navidad!

GLOSARIO

celebrar: hacer cosas especiales para honrar un momento importante.

cristiano: persona que cree en las enseñanzas de Jesucristo.

establo: lugar donde viven y comen los animales de granja.

piñata: recipiente especial lleno de dulces, que rompen los niños con la ayuda de un palo.

posada: lugar donde los viajeros pueden encontrar comida y un espacio para dormir.

tamal: comida hecha de masa de harina de maíz rellena de carne y otros ingredientes, que se envuelve en hojas de maíz o plátano, y se cuece al vapor.

ÍNDICE

B
Belén, 6, 10
Bogotá, 4, 16
Buñuelo, 14

C
Ciudad de México, 20
Colombia, 4, 16
cristianos, 4, 23

D
diciembre, 4, 6
Día de los Reyes Magos, 16, 18, 20
dominicanos, 12

E
Ecuador, 12

J
Jesús, Jesucristo, 4, 6, 10, 12, 16, 22
José, 6, 8, 10, 22

L
luces, 4, 12

M
María, 6, 8, 10, 22
mexicanos, 6
música, 8

N
nacimiento, 4, 6, 10, 22
Nochebuena, 10, 12

P
panameños, 14
pasteles, 14
Posadas, las, 6, 8, 23
Puerto Rico, 18
puertorriqueños, 12, 14

R
Reyes Magos, 16, 18, 22
rosca de Reyes, 20

T
tamales, 14, 23

SITIOS DE INTERNET

Debido a que los enlaces de Internet cambian constantemente, PowerKids Press
ha creado una lista de sitios de Internet relacionados con el tema de este libro.
Este sitio se actualiza con regularidad. Por favor, utiliza este enlace para acceder
a la lista: www.powerkidslinks.com/lcila/christmas